Impressum
Verlag: BABADADA GmbH, Nedderfeld 112 , 22529 Hamburg
Geschäftsführer / Verlagsleitung: Harald Hof
Druck: Books on Demand GmbH, In de Tarpen 42, 22848 Norderstedt

Imprint
Publisher: BABADADA GmbH, Nedderfeld 112 , 22529 Hamburg, Germany
Managing Director / Publishing direction: Harald Hof
Print: Books on Demand GmbH, In de Tarpen 42, 22848 Norderstedt

school
dudal

classroom
suudu jangirdu

divide
feccude

186/2

board
balal binndi

school yard
hakkunde ekkol

teacher
janginoowo

paper
kaayit

write
windude

pen
kudol

desk
biro

ruler
reegal

book
deftere

pupil
almuudo

satchel
kartaabal

pencil case
moftirdo kereyonji

pencil
kereyo

pencil sharpener
ceebnirgel kereyon

rubber
momtirgel

drawing pad
alluwal ciifirgal

drawing

ciifgol

paintbrush

limsere pentirteeɗo

paint box

suwo pentirɗo

scissors

sisooji

glue

ɗakkorgal

exercise book

deftere ekkorgal

homework

golle janŋde

number

niimara

add

ɓeydude

subtract

ustude

multiply

ɓeydude keeweendi

calculate

qimaade

letter

ɓataake

alphabet

karfeeje

word

kongol

text

bindol

read

jangude

chalk

bindirgal

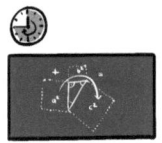

lesson

darsu

register

winditaade

exam

egsame

certificate

sartifika

school uniform

comcol duɗal

education

janŋde

encyclopedia

ansikolopedi

university

duɗal jaaɓi haɗtirde

microscope

mikoroskop

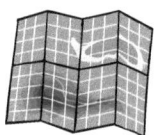

map

kartal

waste-paper basket

suwo kurjut

travel
ɗannagol

hotel
otel
Grand
hostel
obers
ROOMS
CHANGE
bureau de change
nokku beccugol e neldugol
car
oto

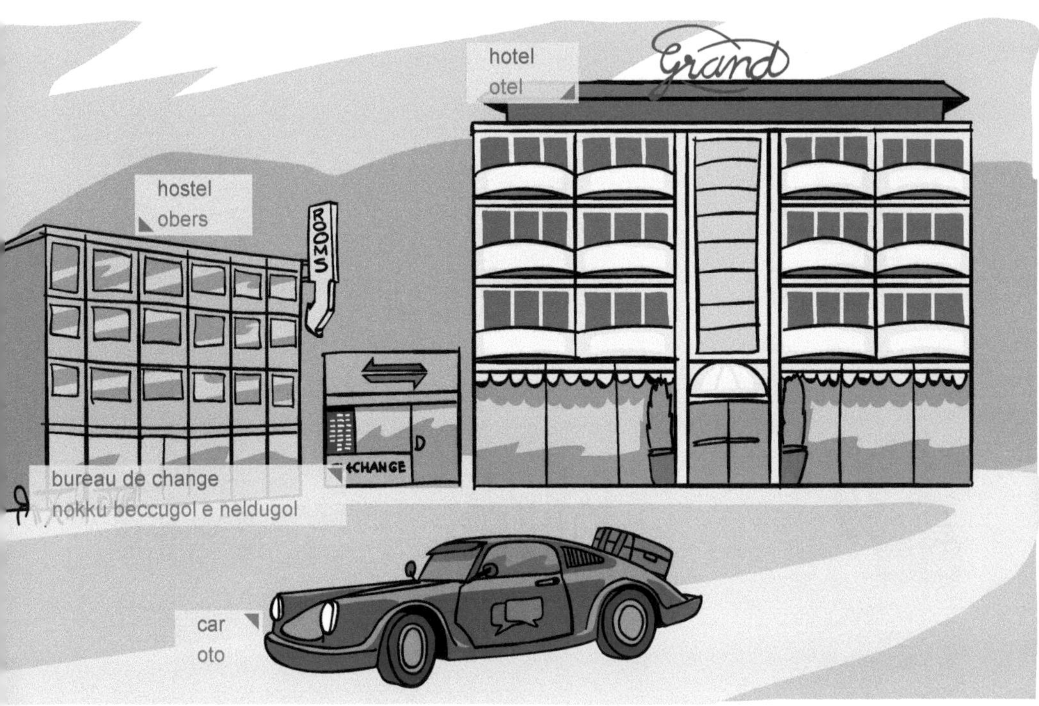

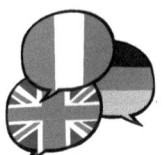

language

ɗemngal

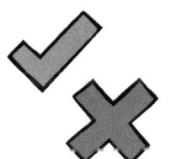

yes / no

Eey / ala

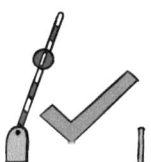

Okay

Moƴƴi

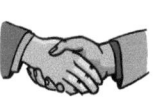

hello

mbaɗɗa

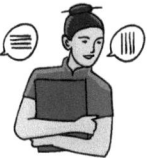

translator

pirtoowo

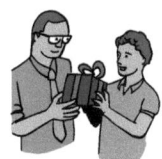

Thank you

A jaraama

how much is...?

no foti...?

I do not understand

Mi faamaani

problem

hanmi

Good evening!

Jam hiri!

Good morning!

Jam waali!

Good night!

Mbaalen e jam!

bye bye

ñande woɗnde

direction

laawol

luggage

bagaas

bag

saawdu

backpack

saawdu wambateendu

guest

koɗo

room

suudu

sleeping bag

njegenaaw

tent

caalel ladde

tourist information

kabaruuji tuurist

beach

tufnde

credit card

kartal banke

breakfast

kacitaari

lunch

bottaari

dinner

hiraande

ticket

biye

lift

suutde

stamp

tampon

border

keerol

customs

duwaan

embassy

ambasad

visa

wiisa

passport

paaspoor

transport

taraspoor

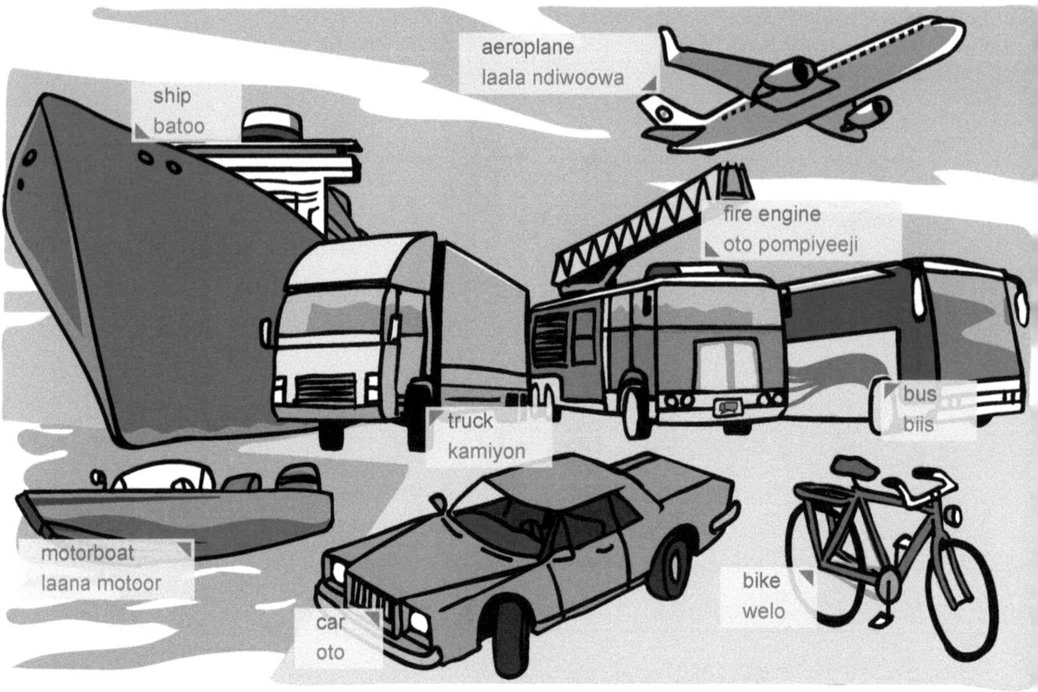

aeroplane
laala ndiwoowa
ship
batoo
fire engine
oto pompiyeeji
truck
kamiyon
bus
biis
motorboat
laana motoor
bike
welo
car
oto

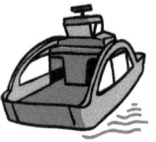

ferry
batoo

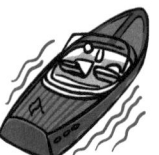

boat
laana

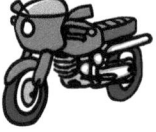

motorbike
welo

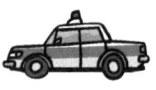

police car
oto polis

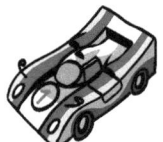

racing car
oto dogirteeɗo

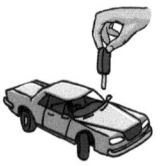

rental car
oto luwateeɗo

car sharing

dendugol oto

breakdown truck

oto dandoowo goɗɗo

refuse truck

oto kurjut

motor

motoor

fuel

karbiran

petrol station

nokku esaans

traffic sign

tintinooje yaangarta

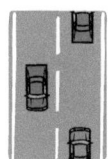

traffic

yaa ngarta

traffic jam

jiiɓo yaa ngarta

car park

dingiral otooji

train station

dingiral laana leydi

tracks

laaɓi

train

laana leydi

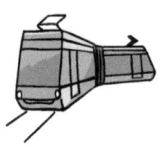

tram

laana ndegoowa

carriage

saret

helicopter

elikopteer

airport

ayrepoor

tower

tuur

passenger

wonɓe e laana

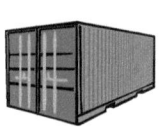

container

konteneer

carton

karton

cart

duñirgel kaake

basket

basket

take off / land

diwde / juuraade

city

wuro mowngu

village

wuro

city centre

hakkunde wuru wowngo

house

galle

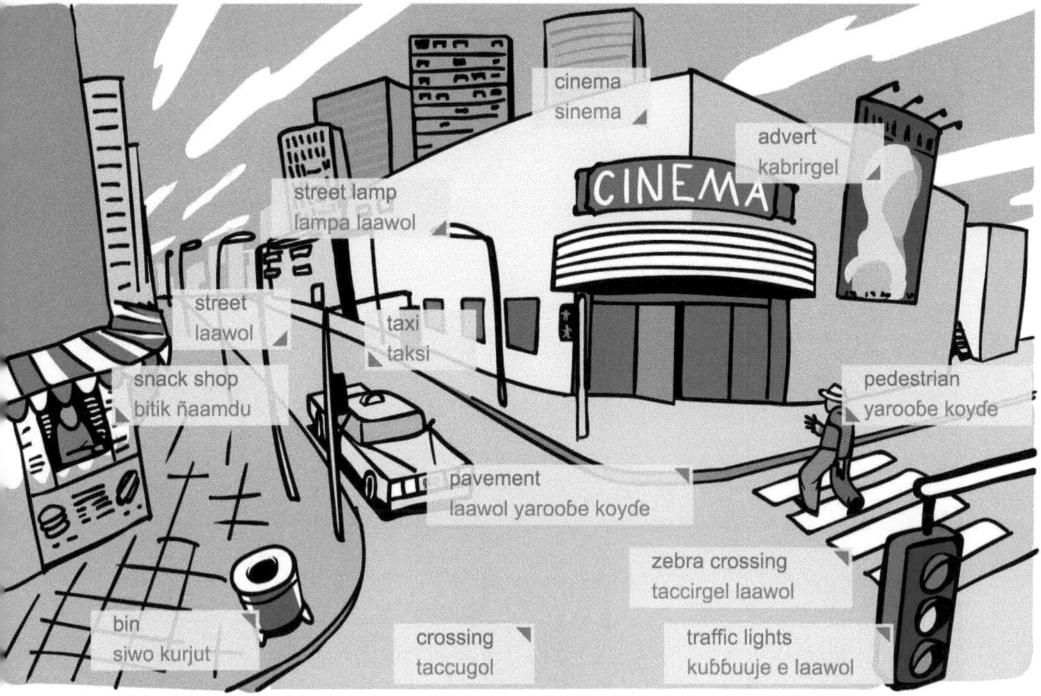

cinema
sinema

advert
kabrirgel

street lamp
lampa laawol

CINEMA

street
laawol

taxi
taksi

snack shop
bitik ñaamdu

pedestrian
yaroobe koyɗe

pavement
laawol yaroobe koyɗe

zebra crossing
taccirgel laawol

bin
siwo kurjut

crossing
taccugol

traffic lights
kubbuuje e laawol

hut
tiba

flat
ko foti

train station
dingiral laana leydi

town hall
meeri

museum
miise

school
duɗal

university

duɗal jaaɓi haɗtirde

bank

banke

hospital

suudu safirdu

hotel

otel

pharmacy

farmasi

office

gollirgal

book shop

suudu defte

shop

bitik

florist's

jeyoowo fuloraaji

supermarket

sipermarse

market

jeere

department store

madase mawɗo

fishmonger's

jeyoowo liɗɗi

shopping centre

nokku coodateeɗo

harbour

poor

park

park

bench

jooɗorgal

bridge

taccirgal

stairs

ŋabbirɗe

underground

laawol metero

tunnel

laawul les leydi

bus stop

fongo biis

bar

baar

restaurant

restora

postbox

buwaat postaal

street sign

lewñowel laawol

parking meter

to otooji ndaroto

zoo

nokku kullon

swimming pool

pisin

mosque

jama

farm

ngesa

pollution

gakkingol hendu

graveyard

bammule

church

egiliis

playground

dingiral

temple

tampl

landscape

yiyande taariinde

signpost
tugayal tintinirgal

way
laawol

meadow
Huɗo sukkuko

stone
haayre

hiker
ŋayloowo

tree
lekki

river
maayo

grass
huɗo

flower
fuloor

valley

nokku kaañe mawɗe to
ndiyam dogata

hill

waande

lake

weedu

forest

ladde

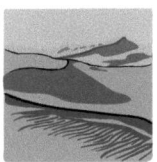

desert

ladde yoornde

volcano

wolkan

castle

satoo

rainbow

timtimol

mushroom

sampiñon

palm tree

leki palm

mosquito

ɓowngu

fly

diwde

ant

njabala

bee

mbuubu ñaak

spider

njabala

beetle

hoowoyre keppoore

frog

faabru

squirrel

doomburu ladde

hedgehog

sammunde

hare

fowru

owl

pubbuɓal

bird

colel

swan

kakeleewal ladde

boar

mbabba tugal

deer

lella

moose

Nagge nde galladi cate

dam

baraas

wind turbine

masiŋel battowel hendu
jeynge

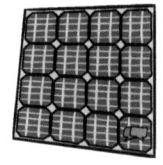

solar panel

Lowowel nguleeki

climate

kilima

restaurant

restora

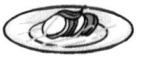

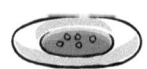

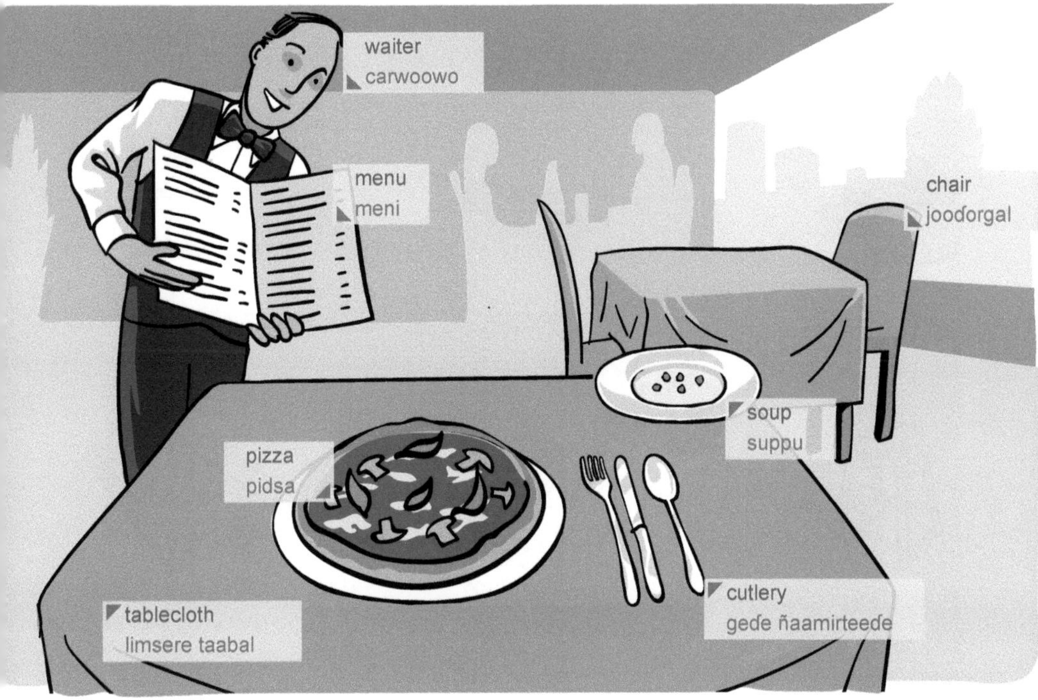
waiter
carwoowo
menu
meni
chair
jooɗorgal
soup
suppu
pizza
pidsa
cutlery
geɗe ñaamirteeɗe
tablecloth
limsere taabal

starter

tongitirgel

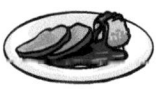

main course

ñaamdu nguraandi

dessert

tuftorogol

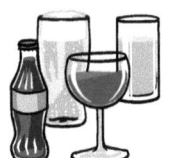

drinks

njaram

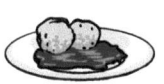

food

ñaamdu

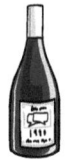

bottle

butel

fast food

fast fud

street food

ñaamdu laawol

teapot

baraade

sugar bowl

cupayel suukara

portion

geɗel

espresso machine

Masinŋ kafe

high chair

jooɗorgal toowngal

bill

biye

tray

ñorgo

knife

paaka

fork

furset

spoon

kuddu

teaspoon

nokkere kuddu

serviette

sarbet

glass

weer

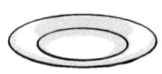

plate

palaat

soup plate

palaat suppu

saucer

cupayel

sauce

soos

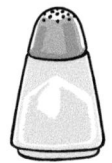

salt pot

pot lamđam

pepper mill

moññirgal poobar

vinegar

bineegara

oil

nebam

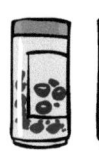

spices

kaađnooje

ketchup

ketsap

mustard

muttard

mayonnaise

mayonees

supermarket

sipermarse

special offer
ngustugul coggu
FOR
customer
kiliyaan
dairy
kosameeje
fruit
ɓikkon leɗɗe
trolley
daasirgel

BUTCHERS

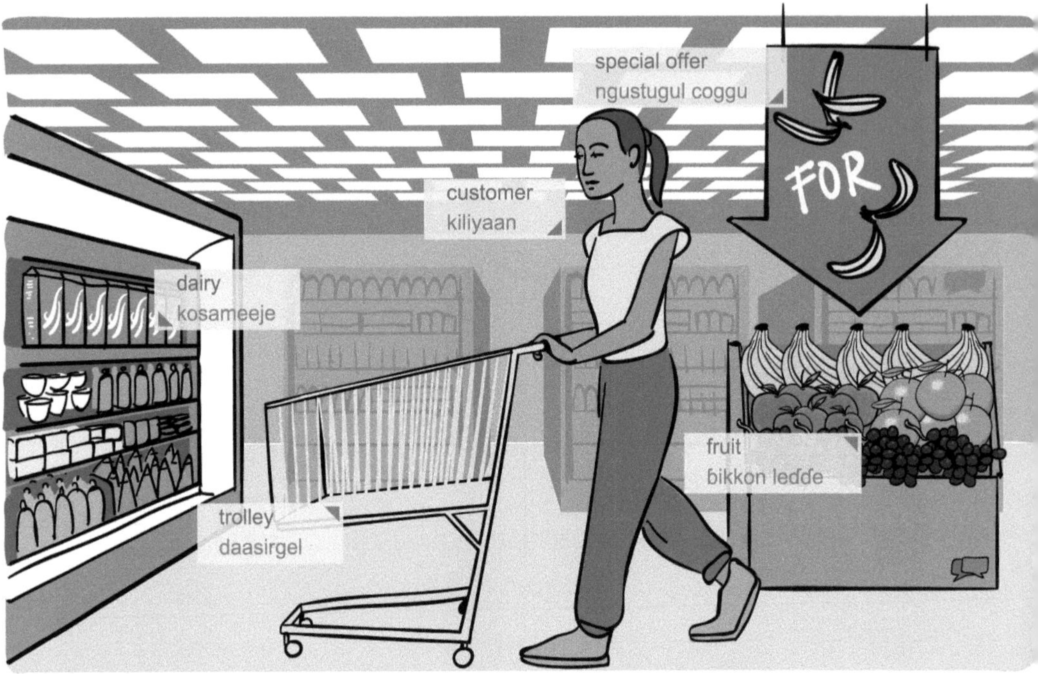

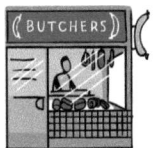

butcher´s

jeyoowo teew nagge

BAKERY

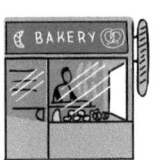

baker´s

juɗoowo mburu

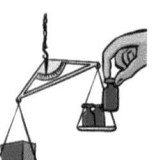

weigh

ɓetde

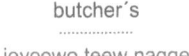

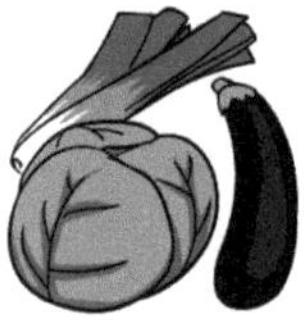

vegetables

lijim

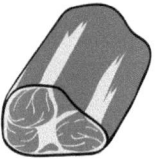

meat

teew

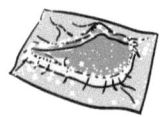

frozen food

ñaamdu ɓumnaandu

cold meat

teew moftaaɗo

tinned food

ñaamdu nder buwat

washing powder

condi lawyîrteendu

sweets

bonboonji

household products

geɗe ngurdaaɗe

cleaning products

porodiwiiji laaɓnirni

salesperson

julaaajo

till

haa

cashier

kestotooɗo

shopping list

limto coodateeɗi

opening hours

waktuuji golle

wallet

kalbe

credit card

kartal banke

bag

saak

plastic bag

saak dalli

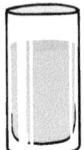

water

ndiyam

juice

njaram

milk

kosam

coke

yûlmere

wine

sangara

beer

sangara

alcohol

sangara

cocoa

kakao

tea

ataaya

coffee

kafe

espresso

kafe jon jooni

cappuccino

kafe italinaabe

banana

banaana

apple

pom

orange

oraas

melon

dende

lemon

limonŋ

carrot

karot

garlic

laay

bamboo

lekki bambu

onion

basalle

mushroom

sampiñon

nuts

gerte

noodles

espageti

spaghetti

espageti

rice

maaro

salad

salaat

chips

firit

fried potatoes

faatat cahaaɗo

pizza

pidsa

hamburger

amburgeer

sandwich

sandiwis

cutlet

buhal baddangal e lijim

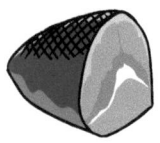

ham

buhal teew

salami

kaane biyeteeɗo sosison

sausage

sosis

chicken

gertogal

roast

defaɗum

fish

liingu

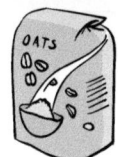

porridge oats

ndefu gabbe kuwakeer

muesli

njilɓundi aɓuwaan e gabbe goɗɗe

cornflakes

kornfelek

flour

farin

croissant

kurwasa

bread roll

pe o le

bread

mburu

toast

mburu juɗaaɗo

biscuits

mbiskit

butter

nebam boor

curd

kosam kaaɗɗam

cake

gato

egg

ɓoccoonde

fried egg

moccoonde fasnaande

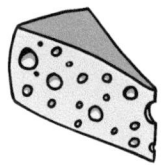

cheese

foromaas

ice cream

kerem galaas

sugar

suukara

honey

njuumri

jam

teew nagge

chocolate spread

nirkugol sokkola

curry

suppu kaane

farm

ngesa

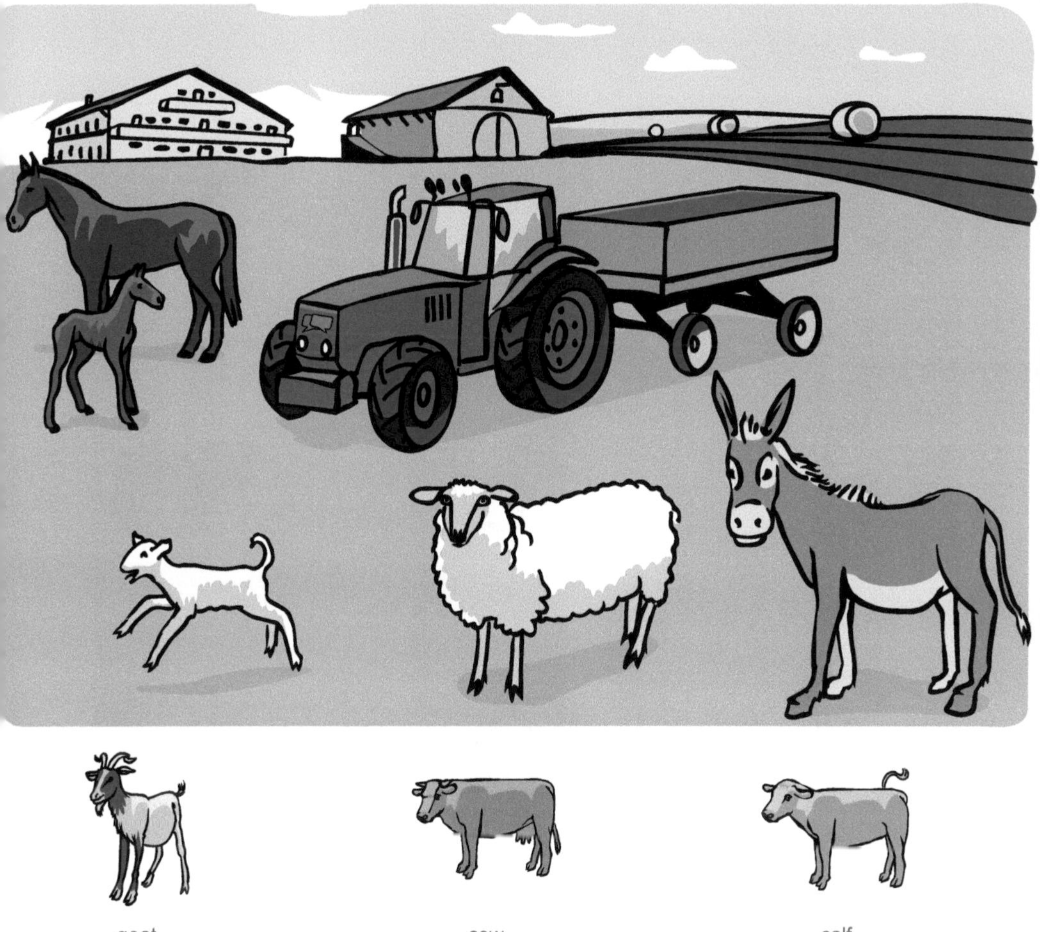

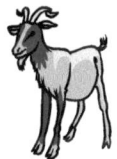

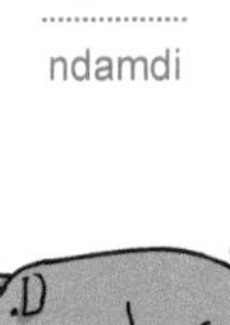

goat

ndamdi

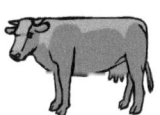

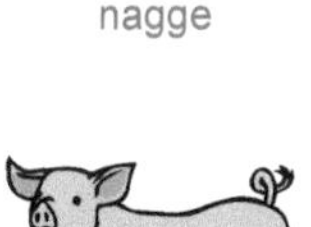

cow

nagge

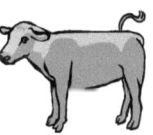

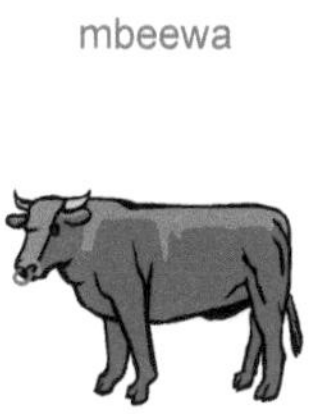

calf

mbeewa

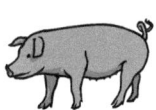

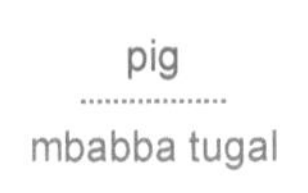

pig

mbabba tugal

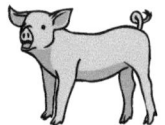

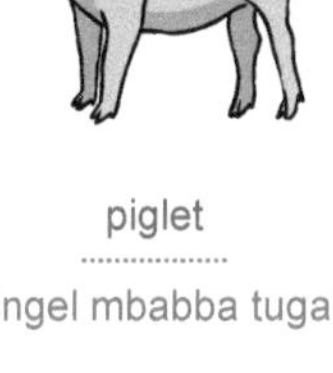

piglet

ɓingel mbabba tugal

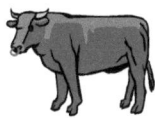

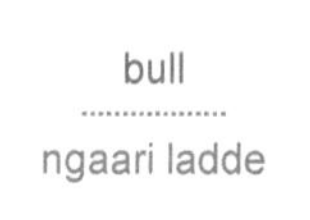

bull

ngaari ladde

goose

jarlal ladde

duck

gerlal

chick

cofel

hen

jarlal

cock

ngori

rat

doomburu

cat

ullundu

mouse

doomburu

ox

nagge

dog

rawaandu

doghouse

nokku dawaaɗi

garden hose

tiwo sardin

watering can

doosirgal

scythe

wofdu mawndu

plough

masinŋ demoowo

sickle

wofdu

hoe

coppirgal

pitchfork

rato

axe

hakkunde

wheelbarrow

buruwet

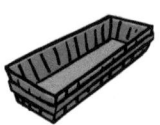

trough

mbalka

milk can

kosam buwat

sack

saak

fence

kalasal galle

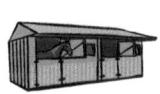

stable

nokku pucci

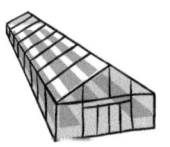

greenhouse

inexistant

soil

leydi

seed

abbere

fertilizer

nguurtinooje leydi

combine harvester

masinŋ coñirteeɗo

harvest

soñde

harvest

soñde

yams

ñambi

wheat

bele

soy

soja

potato

faatat

corn

maka

rapeseed

abbere lekki kolsa

fruit tree

lekki firwiiji

cassava

ñambi

cereals

sereyaal

house

galle

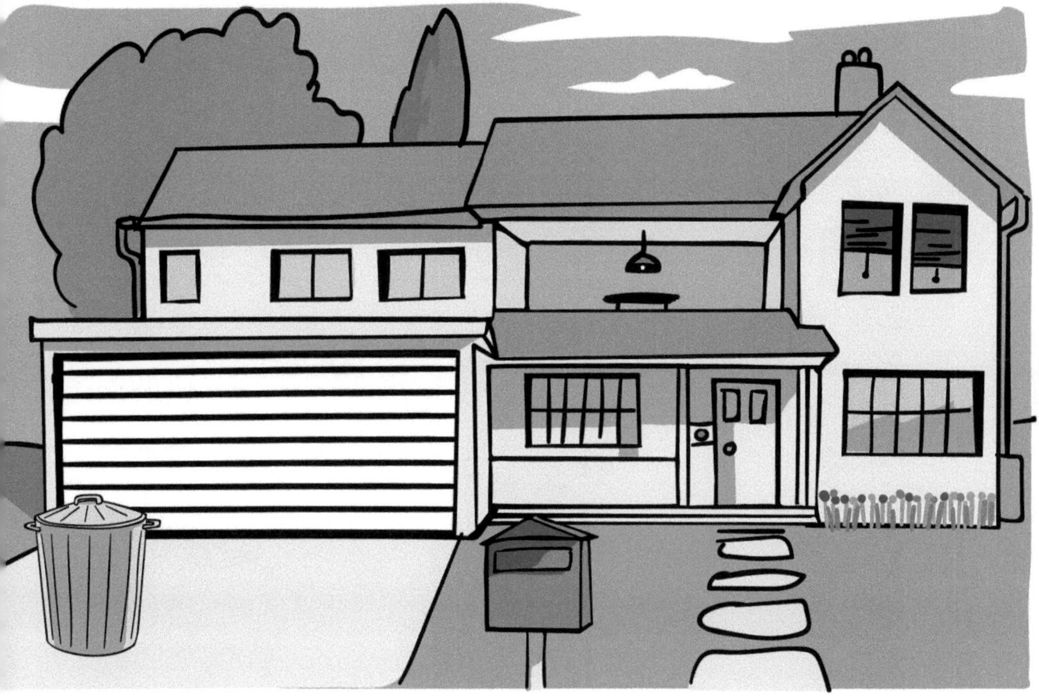

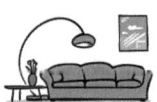

living room
....
suudu yeewtere

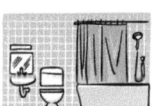

bathroom
....
tarodde

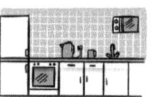

kitchen
....
waañ

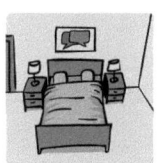

bedroom
....
suudu waalduru

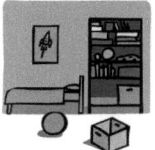

child's room
....
suudu sakaaɓe

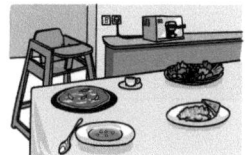

dining room
....
suudu hiraande

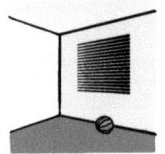

floor

karawal

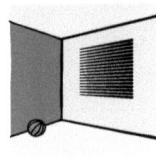

wall

ɓalal

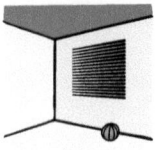

ceiling

asamaan suudu

cellar

faawru

sauna

soona e ɗemngal farase

balcony

balko

terrace

teeraas

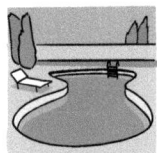

pool

pisin

lawn mower

keefoowo huɗo

sheet

darap

bedspread

darap

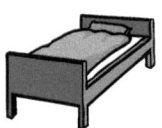

bed

leeso

broom

pittirgal

bucket

suwo

switch

ñifirgel

living room

suudu yeewtere

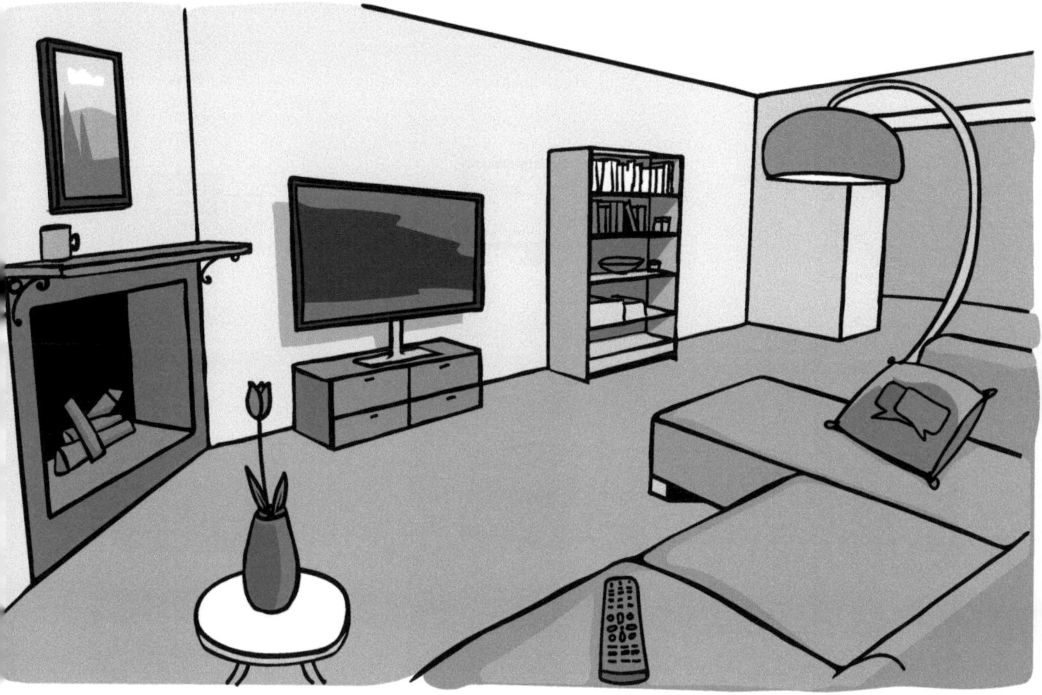

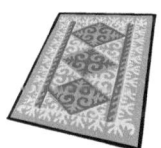

carpet

tappi

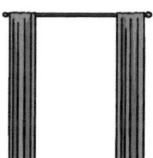

curtain

rido

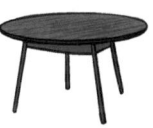

table

taabal

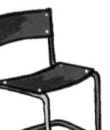

chair

jooɗorgal

rocking chair

jooɗorgal timmungal

armchair

jooɗorgal tuggateengal

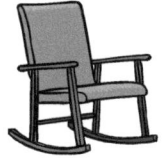

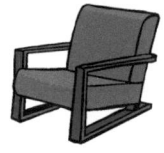

book

deftere

blanket

cuddirgal

decoration

jooɗnugol

firewood

ledɗe kubɓateeɗe

film

filmo

hi-fi equipment

materiyel hi-fi

key

coktirgal

newspaper

kaayit kabaruuji

painting

pentirgol

poster

posteer

radio

rajo

notepad

teskorgel

hoover

boɗowel pusiyeer

cactus

kaktis

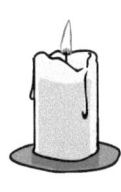

candle

sondel

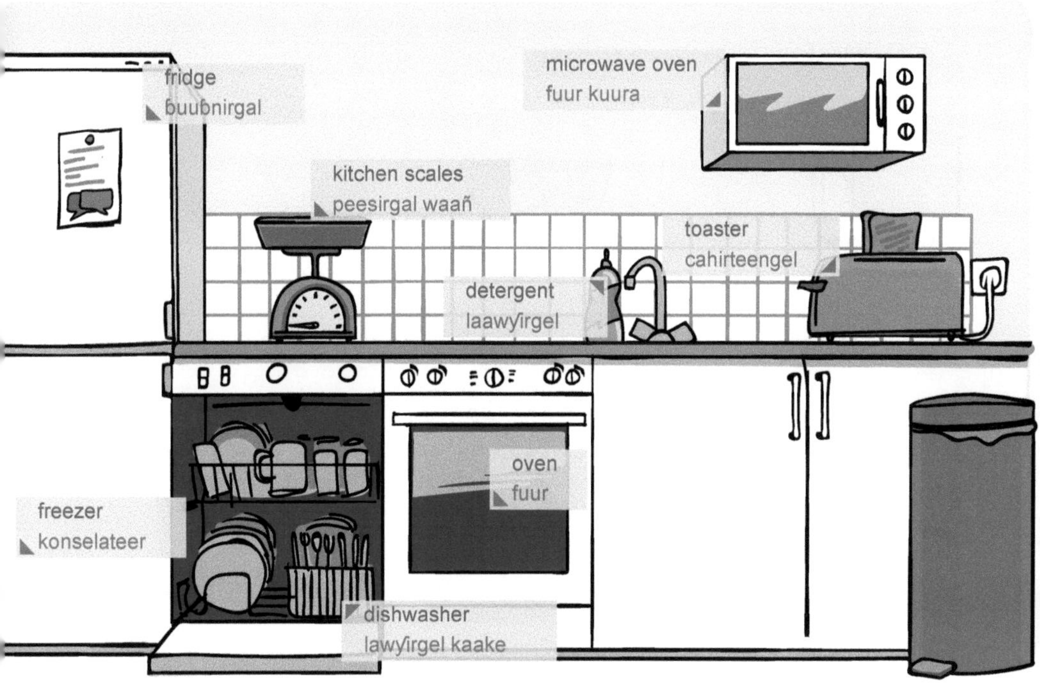

fridge
buubnirgal

microwave oven
fuur kuura

kitchen scales
peesirgal waañ

toaster
cahirteengel

detergent
laawyirgel

oven
fuur

freezer
konselateer

dishwasher
lawyirgel kaake

cooker

fuurno

pot

pot

cast-iron pot

barme

wok / kadai

kasorol

pan

kasorol

kettle

satalla

steamer

suppere defirteende

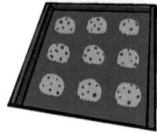

baking tray

pool defirteeɗo

crockery

lawƴugol kaake

mug

pot jarduɗo

bowl

suppeere

chopsticks

ñibirgon ñaamdu

ladle

kuddu luus

spatula

kayit ɗakirteeɗo

whisk

iirtude

strainer

ceɗirgel

sieve

tame

grater

keefirgel

mortar

moññirgal

barbecue

juɗgol

open fire

jeyngol e henndu

chopping board

coppirgal

rolling pin

degnirgel ñaamdu
feewnateendu

corkscrew

udditirgel butel

can

buwaat

can opener

udditirgel buwat

pot holder

nangirgel pot

sink

siimtude

brush

boros

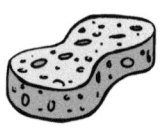

sponge

eppoos

blender

jiibirgel

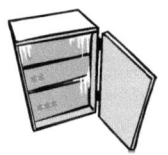

deep freezer

battowel galaas

baby bottle

jardugel tiggu

tap

robine

bathroom

tarodde

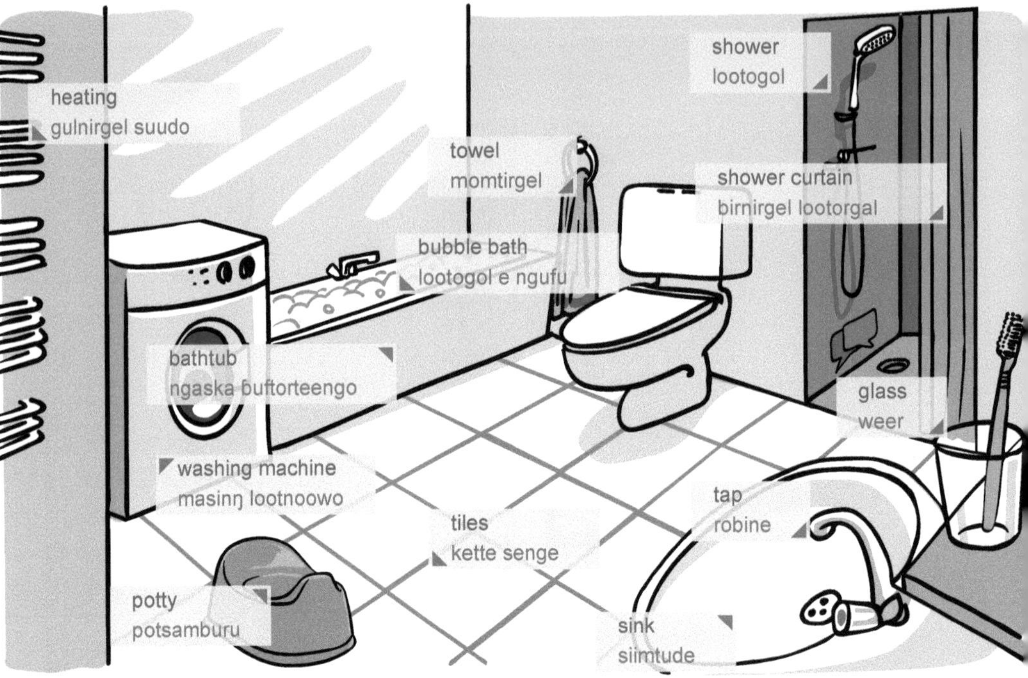
heating
gulnirgel suudo
towel
momtirgel
shower
lootogol
shower curtain
birnirgel lootorgal
bubble bath
lootogol e ngufu
bathtub
ngaska ɓuftorteengo
glass
weer
washing machine
masinŋ lootnoowo
tap
robine
tiles
kette senge
potty
potsamburu
sink
siimtude

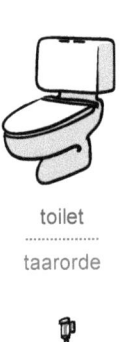

toilet

taarorde

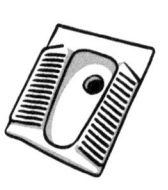

squat toilet

joɗorgal kuwirteengal

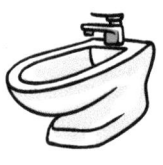

bidet

biisirgel ndiyam

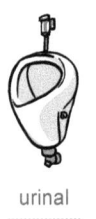

urinal

taarodde

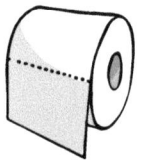

toilet paper

kaayit momtirɗo

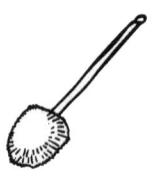

toilet brush

boros taarorde

toothbrush

coccorgal ƴiiye

toothpaste

sabunde ƴiiye

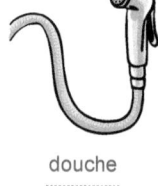

dental floss

gaarowol ñiire

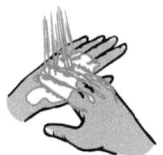

wash

lawƴude

handheld shower

boggol lootirteengol

douche

buftogol

basin

loowirteengel

back brush

demirgel huɗo

soap

sabunnde

shower gel

saabunde buftorteende

shampoo

sampoye

flannel

limsere wiro

drain

ciiygol

cream

kerem

deodorant

uurnirgel

mirror

daandorgal

hand mirror

daandorgal pamoral

razor

pembirgel

shaving foam

ngufu pembol

aftershave

moomiteengel pembol

comb

yeesoode

brush

boros

hair dryer

joornirgel sukunndu

hairspray

peewnirgel sukunndu

makeup

makiyaas

lipstick

joodirgel toni

nail varnish

momtirgel cegeneeji

cotton wool

garowol wiro

nail scissors

siso cegeneeji

perfume

parfon

washbag

waxande lootorgal

stool

kuudi

weighing scale

peesirgal

bathrobe

wutte cuftorteeɗo

rubber gloves

gaŋuuji dalli

tampon

momtirer ƴiiƴam ella

sanitary towel

kuus tiggu

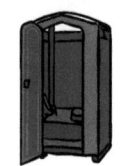

chemical toilet

lootogol simik

child's room
suudu sakaaɓe

alarm clock
pindinirgel
cuddly toy
kullel fijirde
toy car
oto pijirgel
rattle
dillere
doll's house
galle pijirgel
present
hannde

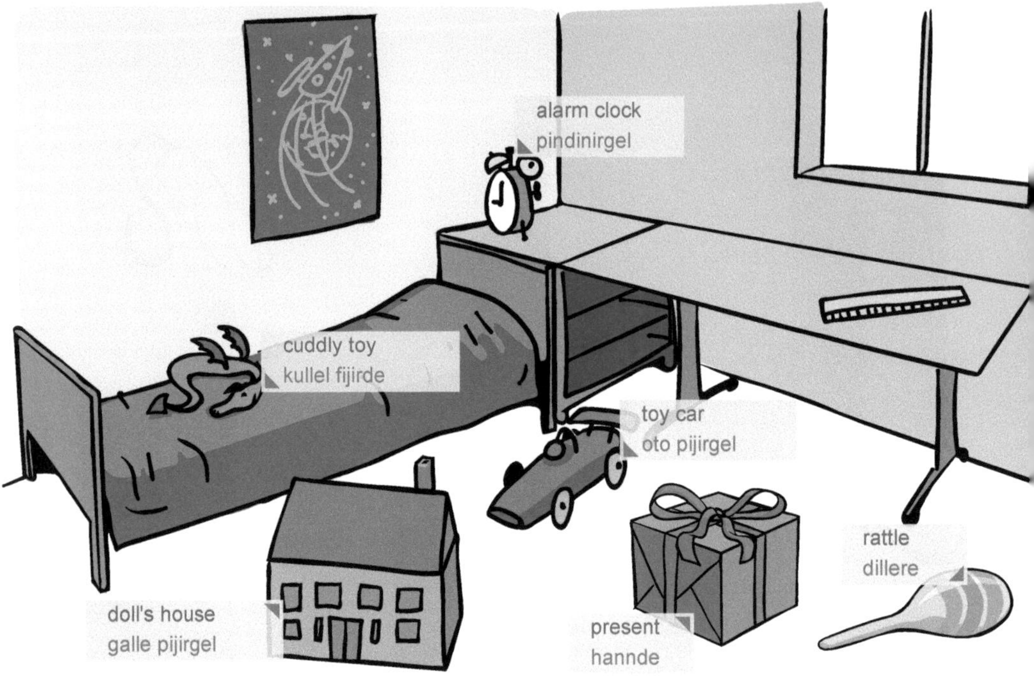

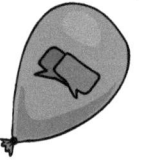

balloon

sumalle dalli

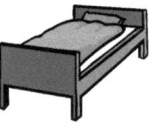

bed

leeso

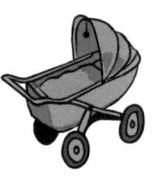

pram

duñirgel tiggu

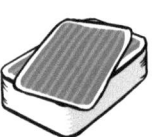

deck of cards

nokkere karte

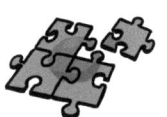

jigsaw

fijirde lombondirgol

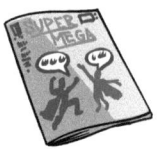

comic

njalniika

lego bricks

pijirgel tuufeeje

building blocks

tuufeeje

action figure

pijirgel

babygrow

comcol tiggu

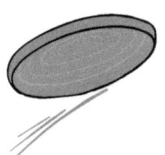

frisbee

palaat diwwoow

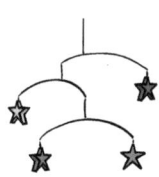

mobile

noddirgel

board game

pijirgel

dice

dee

model train set

ñemtinirgel laana ndegoowa

dummy

neɗɗo fuuunti

party

fijirde

picture book

deftere nate

ball

bal

doll

puppe

play

fijde

sandpit

mbalka ceenal

swing

beeltirgal

toys

pijirgel

video game console

pijiteengel see widewo

tricycle

welo biifi tati

teddy bear

pijirgel kullel urs

wardrobe

armuwaar

clothing

comcol

socks

kawase

stockings

kawase

tights

tuubayon bittukon

scarf
musuuro

belt
dadorde

umbrella
paraseewal

t-shirt
tiset

boots
paɗe toowɗe

slippers
paɗe suudu

trainers
paɗe bokkateeɗe

sandals
paɗe diwa

shoes
paɗe

rubber boots
paɗɗe toowɗe lirotooɗe

underpants
cakkirɗi

bra
sucengors

vest
silet

body
banndu

trousers
tuuba

jeans
jiin

skirt
robbo

blouse
buluson

shirt
simis

pullover
piliweer

hoodie
weste nebbu

blazer
layset

jacket
jaget

coat
weste juudɗo

raincoat
wutte toɓo

costume
kostim

dress
robbo

wedding dress
robbo yange

suit
weste

nightgown
wutte baalduɗo

pyjamas
pijama

sari
sari

headscarf
muusooro

turban
kaala

burqa
kaala

kaftan
sabndoor

abaya
abbaay

swimsuit
comcol lumbirogol

trunks
cakkirɗi

shorts
kilot

tracksuit
joogin

apron
limsere deffowo

gloves
gaŋuuji

button

boɗɗirgel

glasses

lone

bracelet

jawo

necklace

cakka

ring

feggere

earring

hootonde

cap

laafa

coat hanger

liggirgal weste

hat

laafa

tie

karawat

zip

zip

helmet

laafa ndeenka

braces

gaɳɳ

school uniform

comcol duɗal

uniform

iniform

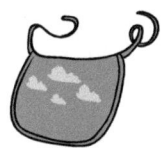

bib

sarbetel daande

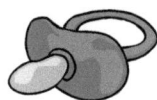

dummy

neɗɗo fuuunti

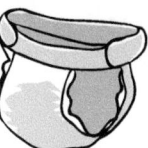

nappy

kuus

office

gollirgal

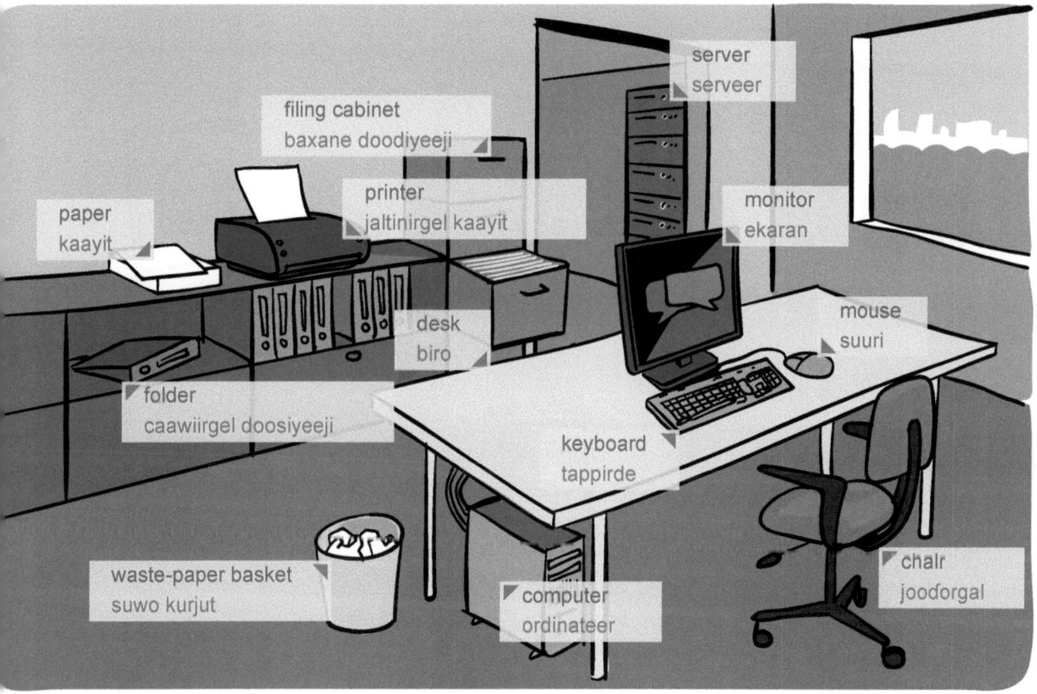
server
serveer
filing cabinet
baxane doodiyeeji
printer
jaltinirgel kaayit
paper
kaayit
monitor
ekaran
mouse
suuri
desk
biro
folder
caawiirgel doosiyeeji
keyboard
tappirde
waste-paper basket
suwo kurjut
computer
ordinateer
chair
joodorgal

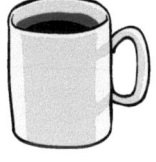

coffee mug

kuppu kafe

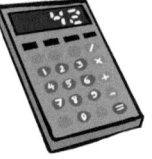

calculator

qiimorgal

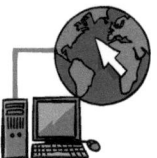

internet

enternet

laptop

ordinateer beelnateeɗo

letter

bataake

message

bataake

mobile

noddirgel

network

reso

photocopier

cottitirgel

software

losisiyel

telephone

noddirgel

plug socket

ceɲirgel ɓoggol kuura

fax machine

masinŋ faks

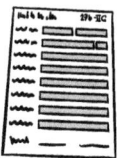

form

mbaadi

document

dokiman

buy

soodde

pay

sooɗde

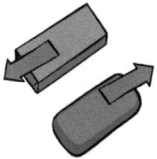

trade

yeyde

money

kaalis

dollar

dolaar

euro

eroo

yen

yen

rouble

ruubal

Swiss franc

faran Siwis

renminbi yuan

yuwaan renminbi

rupee

rupii

cashpoint

masinŋ keestorɗo kaalis

bureau de change

nokku beccugol e neldugol

gold

kanŋe

silver

kaalis

oil

esaans

energy

sembe

price

coggu

contract

kontara

tax

taks

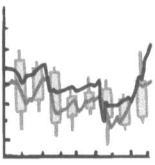

stock

marsandiss moftaaɗo

work

gollude

employee

gollinteeɗo

employer

gollinoowo

factory

isin

shop

bitik

occupations
haajuuji

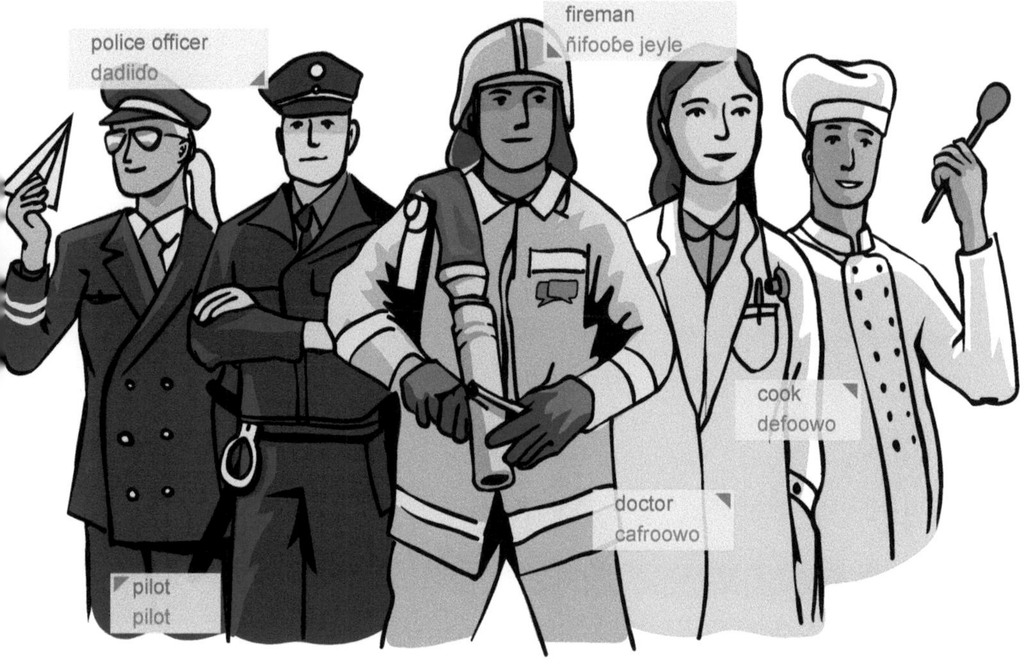

police officer
dadiiɗo
fireman
ñifooɓe jeyle
cook
defoowo
doctor
cafroowo
pilot
pilot

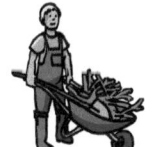

gardener

toppitiiɗo sardin

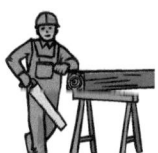

carpenter

minise

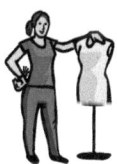

seamstress

ñootoowo

judge

ñaawoowo

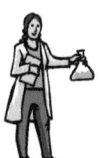

chemist

simist e ɗemngal farayse

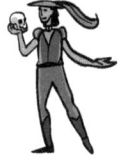

actor

aktoor

bus driver

dognoowo biis

taxi driver

dognoowo taksi

fisherman

gawoowo

cleaning lady

pittoowo

roofer

cengirɗe huɓeere

waiter

carwoowo

hunter

daddoowo

painter

pentiroowo

baker

piyoowo mburu

electrician

gollowo kuura

builder

mahoowo

engineer

enseñeer

butcher

jeyoowo teew keso

plumber

polombiyer

postman

nawoowo ɓatakuuji

soldier

kooninke

architect

diidoowo ɓahanteeri

cashier

kestotooɗo

florist

jeyoowo fuloraaji

hairdresser

mooroowo

conductor

dognoowo

mechanic

mekanisiyenŋ

captain

kapiteen

dentist

cafroowo ƴiiƴe

scientist

miijotooɗo

rabbi

kellifaaɗo diine to israayel

imam

imaam

monk

muwaan e e ɗemngal
farayse

clergyman

kellifaaɗo diine heerereeɓe

tools

kuutorɗe

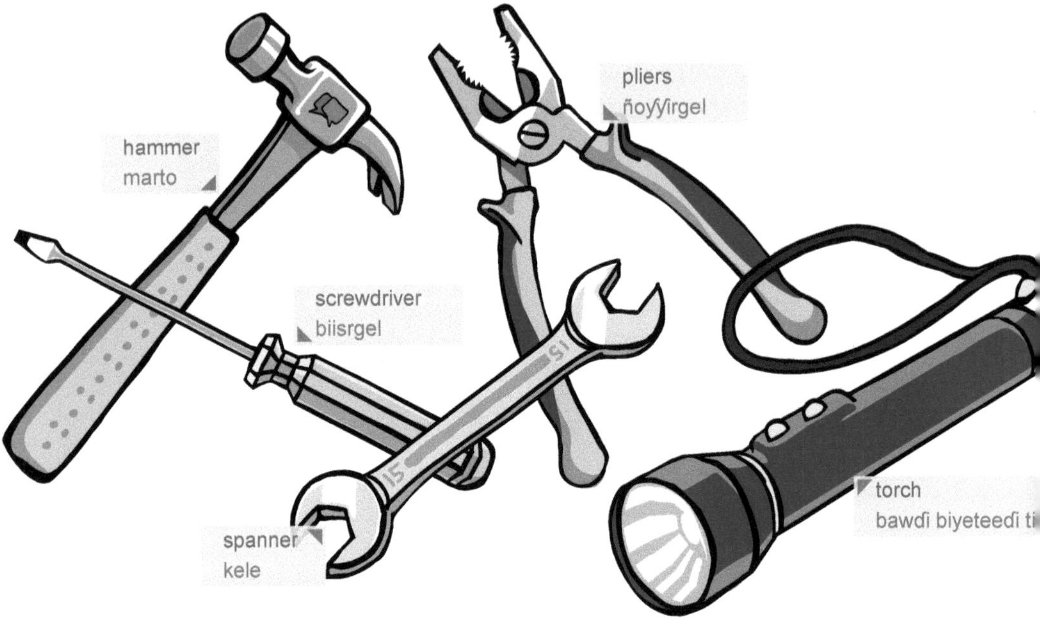

hammer
marto
pliers
ñoyƴirgel
screwdriver
biisrgel
spanner
kele
torch
bawɗi biyeteeɗi ti

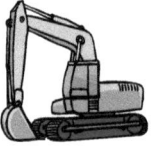

digger

pikku

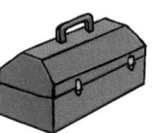

toolbox

baxanel kaɓorɗe

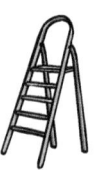

ladder

ŋabbirgal

saw

taƴirgal

nails

ƴiɓirɗe

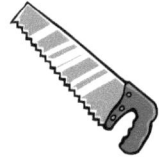

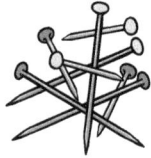

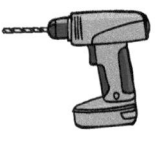

drill

julirgal

repair

fewnitde

shovel

nokkirgel

Damn!

Soo!

dustpan

boftirgel kurjut

paint pot

pot penttiir

screws

wiisuuji

musical instruments
kongirgon misik

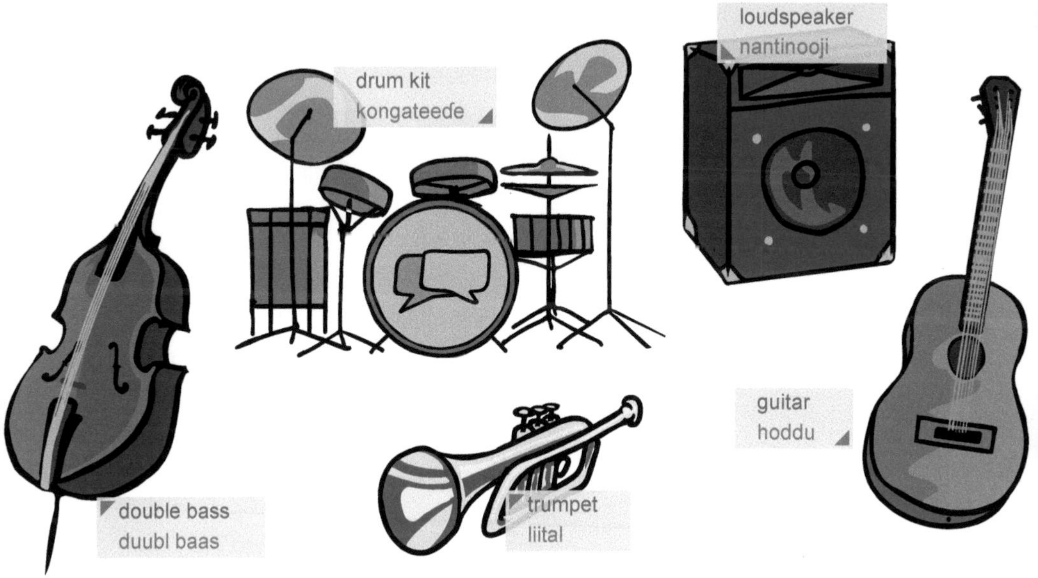

drum kit
kongateede

loudspeaker
nantinooji

guitar
hoddu

double bass
duubl baas

trumpet
liital

piano

piayaano

violin

wiyolon

bass

baas

timpani

bowɗi biyeteeɗi timpani

drums

bawɗi

keyboard

tappirgal

saxophone

saksofoon

flute

nguurdu

microphone

mikoro

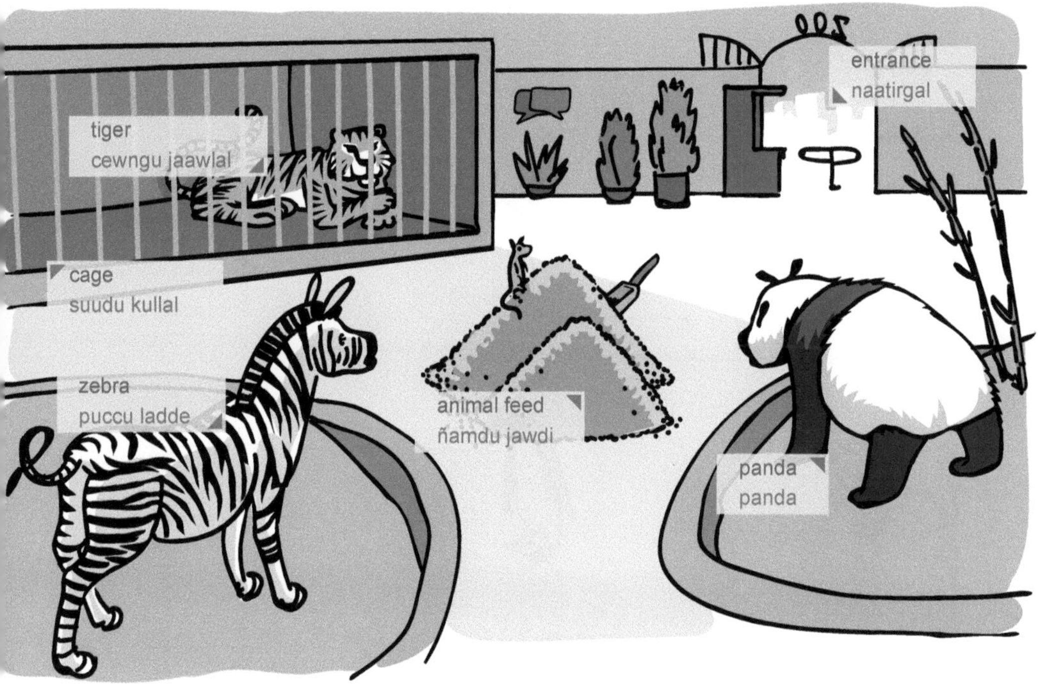

tiger
cewngu jaawlal

entrance
naatirgal

cage
suudu kullal

zebra
puccu ladde

animal feed
ñamdu jawdi

panda
panda

animals
kulle

elephant
ñiiwa

kangaroo
kanguru

rhino
rinoseros

gorilla
waandu mowndu

bear
urs

camel

ngelooba

ostrich

sundu burndu mownude

lion

mbaroodi

monkey

waandu

flamingo

ñaaral pural

parrot

seku

polar bear

urso galaas

penguin

liingu wiyeteendu penguwe

shark

lingu reke

peacock

ndiwri wiyeteendu pawon

snake

laadoori

crocodile

nooro

zookeeper

deenoowo zoo

seal

togoori ndiyam wiyeteendu
fok e farayse

jaguar

cewngu

pony

molu

leopard

cewngu

hippo

ngabu

giraffe

njabala

eagle

ciilal

boar

mbabba tugal

fish

liingu

turtle

heende

walrus

kullal biyeteengal morse

fox

renaar

gazelle

lella

coftal ɓalli

American football
Fuggukoyngel Amerknaaɓe

cycling
dognugol welo

tennis
tenis

basketball
beysbol

swimming
lumbagol

boxing
boks

ice hockey
fuggukoyngel e galaas

football

Fuggukoyngel

badminton

badminton

athletics

atelettuuji

handball

hanbol

skiing

fijirɗe deggol e nees

polo

polo

laugh
jalde

jump
diwde

hug
ɓuucaade

walk
yaade

sing
yimde

dream
hoyɗitaade

pray
juulde

kiss
ɓuucaade

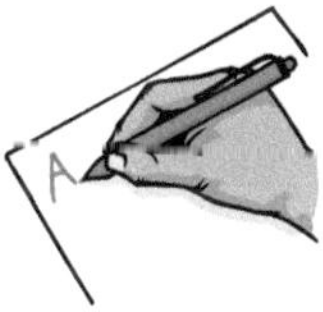

write	draw	show
windude	siifde	hollude
push	give	take
du\u00f1de	rokkude	y\u00ebttude

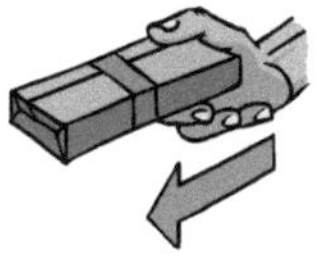

have

deñde

do

waɗde

be

wonde

stand

ummaade

run

dogde

pull

fooɗde

throw

weddaade

fall

yande

lie

fende

wait

sabbaade

carry

roondaade

sit

jooɗaade

get dressed

boornaade

sleep

ɗaanaade

wake up

finde

look at

ƴeewde

cry

woyde

stroke

helde

comb

yeesaade

talk

haalde

understand

faamde

ask

naamnaade

listen

heɗaade

drink

yarde

eat

ñaamde

tidy up

hawrinde

love

yiɗde

cook

defde

drive

dognude

fly

diwde

sail

awyũde

calculate

qimaade

read

jangude

learn

jangude

work

gollude

marry

resde

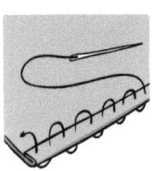

sew

ñootde

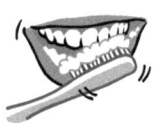

brush teeth

soccaade ɣiiɣe

kill

warde

smoke

simmaade

send

neldude

family
ɓesngu

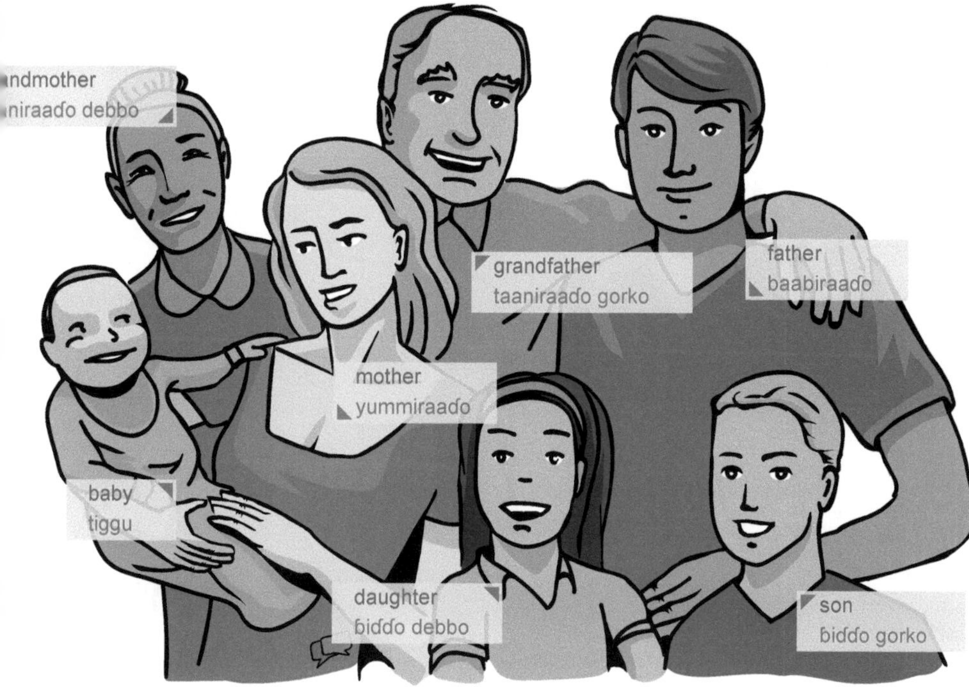
ndmother
niraaɗo debbo
grandfather
taaniraaɗo gorko
father
baabiraaɗo
mother
yummiraaɗo
baby
tiggu
daughter
ɓiɗɗo debbo
son
ɓiɗɗo gorko

guest
kodo

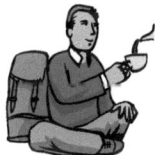

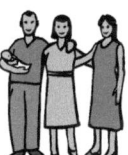

aunt
goggiraaɗo

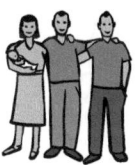

uncle
kaawiraaɗo

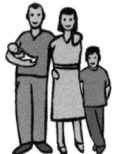

brother
mowniraaɗo gorko

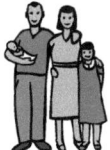

sister
mowniraaɗo debbo

body

ɓandu

forehead
tiinde
eye
yiitere
shoulder
walabo
finger
feɗendu
face
yeeso
chin
waare
hand
jungo
leg
koyngal
breast
endu
arm
jungo

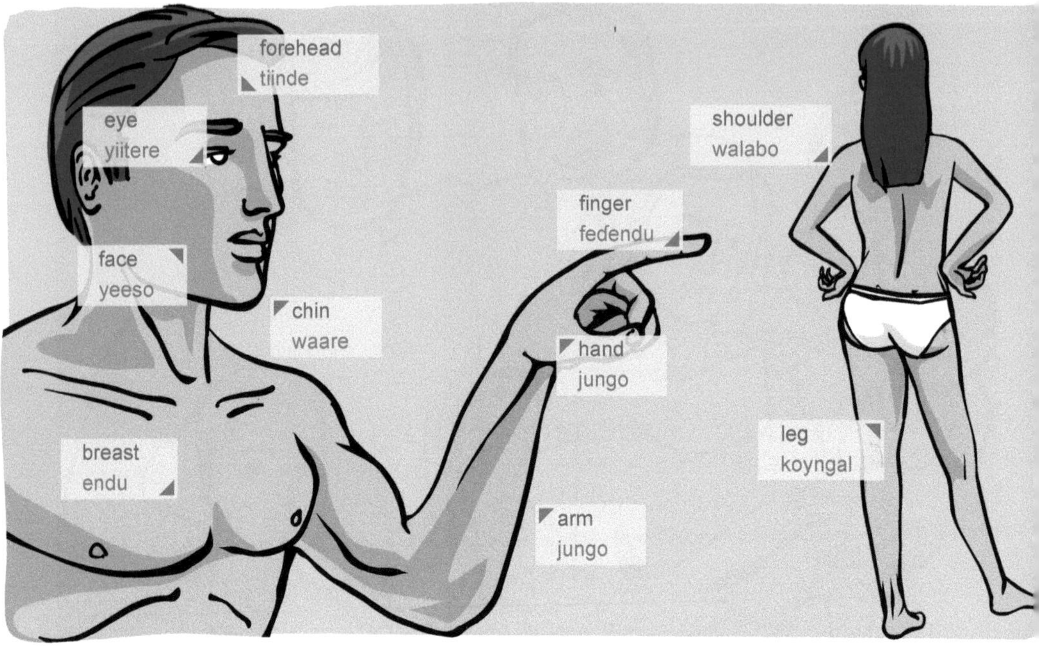

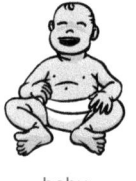

baby

tiggu

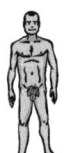

man

gorko

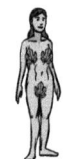

woman

debbo

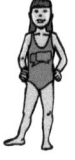

girl

deftere kongoli

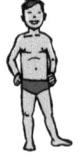

boy

suka gorko

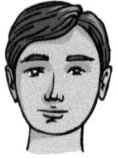

head

hoore

back

keeci

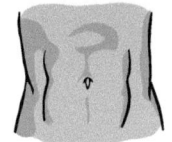

belly

reedu

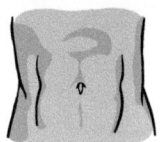

belly button

wuddu

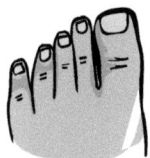

toe

feɗendu koyngal

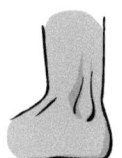

heel

jabborgal

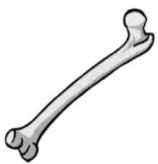

bone

ƴiyal

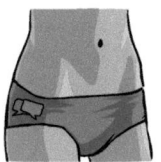

hip

rotere

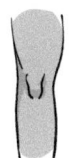

knee

hofru

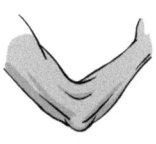

elbow

salndu junngu

nose

hinere

bottom

dote

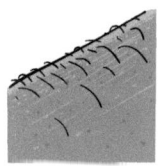

skin

nguru

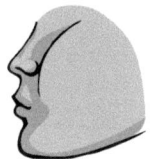

cheek

abbulo

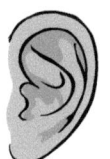

ear

nofru

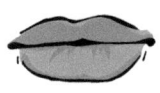

lip

tonndu

mouth

hunuko

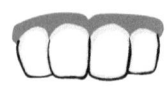

tooth

ñiire

tongue

ɗemngal

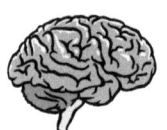

brain

ngaandi

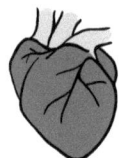

heart

bernde

muscle

ƴiyal

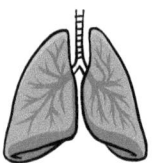

lung

wecco

liver

heeñere

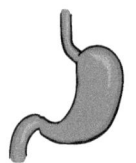

stomach

estoma

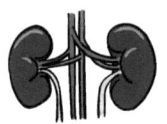

kidneys

tekteki mawni

sex

terɗe

condom

laafa ndeenka

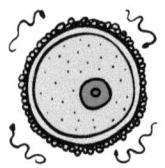

ovum

boccoonde maniya

semen

maniya

pregnancy

reedu

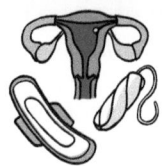

menstruation

yiiẙam ella

vagina

farja

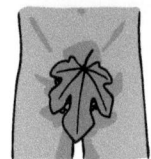

penis

kaake

eyebrow

leeɓi dow yiitere

hair

sukunndu

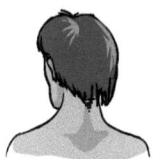

neck

daande

hospital
suudu safirdu

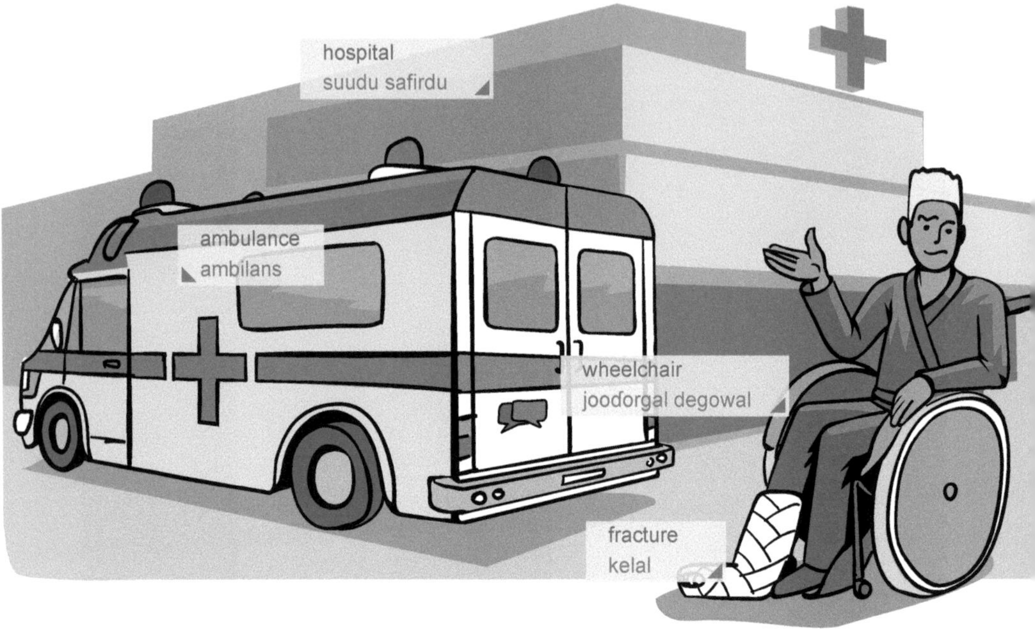

hospital
suudu safirdu
ambulance
ambilans
wheelchair
joodorgal degowal
fracture
kelal

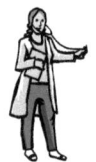

doctor

cafroowo

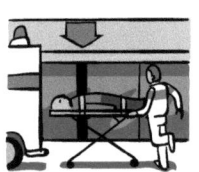

emergency room

suudo irsaans

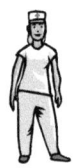

nurse

cafroowo

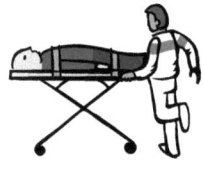

emergency

irsaans

unconscious

paɗɗiiɗo

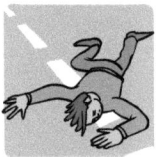

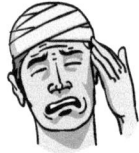

pain

muuseeki

injury

gaañande

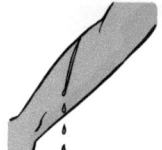

bleeding

tuyƴude

heart attack

ɓernde dartiinde

stroke

darogol ɓernde

allergy

alersi

cough

ɗojjugol

fever

nguleeki ɓandu

flu

maɓɓo

diarrhoea

reedu dogooru

headache

muuseeki hoore

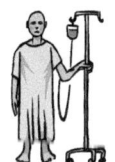

cancer

kanser

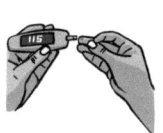

diabetes

jabet

surgeon

operasiyon

scalpel

ceekirgel

operation

operasiyon

CT

CT

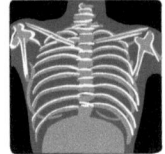

x-ray

reyon-x

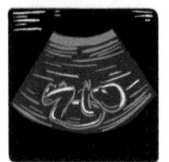

ultrasound

iltarason

face mask

mask yeeso

disease

ñaw

waiting room

suudu sabbordu

crutch

sawru tuggorgal

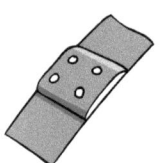

plaster

palatar

bandage

bandaas

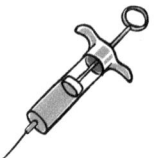

injection

pikkitagol

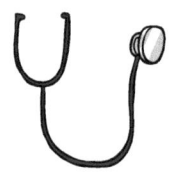

stethoscope

keɗirgel dille ɓandu

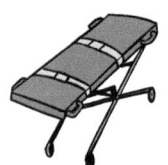

stretcher

balankaaru

clinical thermometer

betirgel nguleeki banndu

birth

jibinegol

overweight

ɓandu ɓurtundu

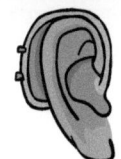

hearing aid

ballotirgel nonooje

disinfectant

desefektan

infection

infeksiyon

virus

viris

HIV / AIDS

HIV / SIDA

medicine

safaara

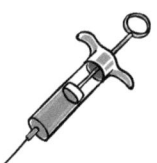

vaccination

ñakko

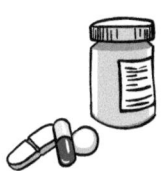

tablets

tabletuuji

pill

foɗɗere

emergency call

noddaango heñoraango

blood pressure monitor

ɓetirgel dogdu ƴiiƴam

ill / healthy

sellaani / salli

Help!

Paabođe!

alarm

tintinirgel

assault

jangol

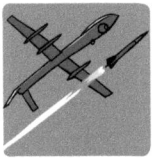

attack

yande e

danger

musiiba

emergency exit

damal dandirgal

Fire!

Paabođe!

fire extinguisher

ñifirgel jeynge

accident

aksida

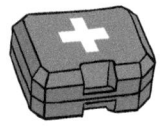

first-aid kit

geđe cafrorđe gadane

SOS

BALLAL

police

Polis

Europe

Erop

North America

Amerik to Rewo

South America

Amerik to Worgo

Africa

Afiriki

Asia

Asi

Australia

Ostarali

Atlantic

Atalantik

Pacific

Pasifik

Indian Ocean

Oseyan Enje

Antarctic Ocean

Oseyan Antarktik

Arctic Ocean

Osean Arkatik

North Pole

Bange Rewo

South Pole
Bange Worgo

Antarctica
Antarktik

Earth
Leydi

land
leydi

sea
maayo mawngo

island
wuro nder ndiyam

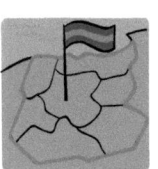

nation
leydi

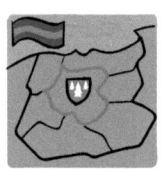

state
jamaanu

clock face

yeeso montoor

hour hand

misalel waqtu

minute hand

misalel hojomaaji

second hand

misalel majanɗe

What time is it?

Hol waqtu jonɗo?

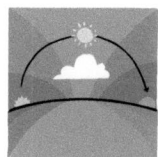

day

ñalawma

time

saha

now

jooni

digital watch

montoor disitaal

minute

hojom

hour

waqtu

week

yontere

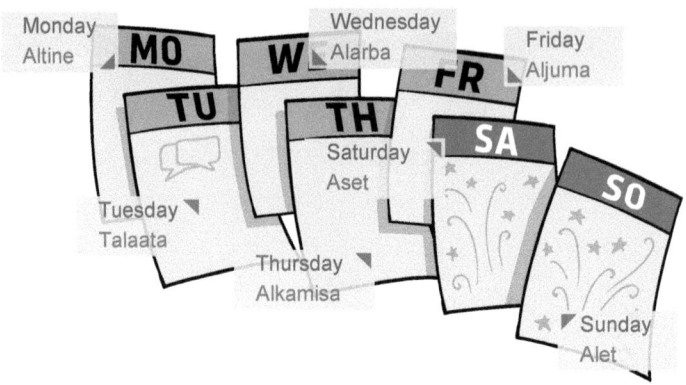

Monday Altine
Tuesday Talaata
Wednesday Alarba
Thursday Alkamisa
Friday Aljuma
Saturday Aset
Sunday Alet

yesterday

hanki

today

hande

tomorrow

jango

morning

subaka

noon

beetawe

evening

kikiiđe

MO	TU	WE	TH	FR	SA	SU
1	2	3	4	5	6	7
8	9	10	11	12	13	14
15	16	17	18	19	20	21
22	23	24	25	26	27	28
29	30	31	1	2	3	4

business days

ñalawmaaji golle

MO	TU	WE	TH	FR	SA	SU
1	2	3	4	5	6	7
8	9	10	11	12	13	14
15	16	17	18	19	20	21
22	23	24	25	26	27	28
29	30	31	1	2	3	4

weekend

ñalamaaji fooftere

year
hitaande

rain
tobo
snow
nees
wind
hendu
spring
caggal dabbunde
autumn
dabbunde
summer
ndungu
winter
dabbunde

4 APRIL 11°
5.APRIL 4°
6.APRIL 13°
7.APRIL 8°
8.APRIL 10°

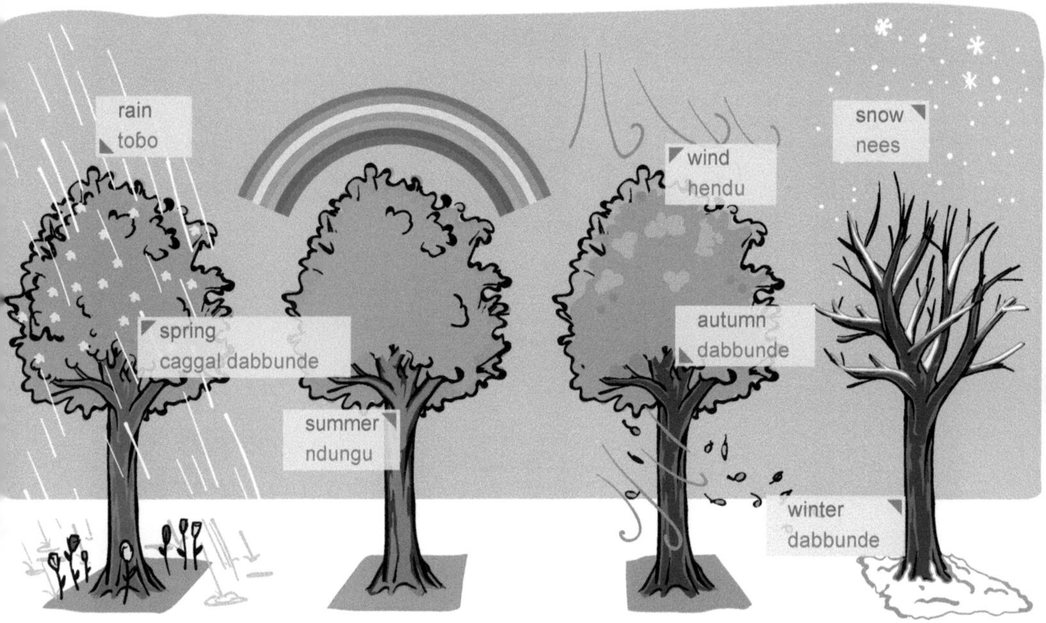

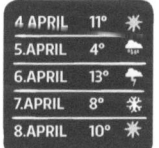

weather forecast

kabrugol geɗe weeyo

F
C
120
90
60
30
0
-30
40
30
20
10
0
-10
-20

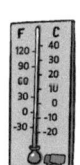

thermometer

ɓetirgal nguleeki

sunshine

nguleeki naange

cloud

duulal

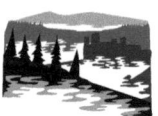

fog

niɓɓere niwri

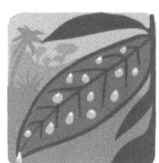

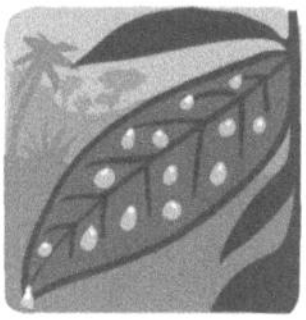

humidity

ɓuuɓol

lightning

majaango

thunder

gidango

storm

hendu yaduungo e gidaali

hail

toɓo mawngo

monsoon

keneeli mawɗi

flood

toɓo yooloongo

ice

galaas

January

Janwiye

February

Feeviriye

March

Mars

April

Awril

May

Me

June

Suwe

July

Suliye

August

Ut

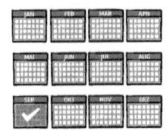

September
....
Setanbar

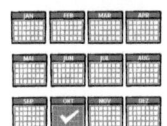

October
....
Oktobar

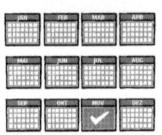

November
....
Noowambar

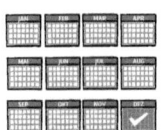

December
....
Desambar

shapes
Mbaadi

circle
....
taariɗum

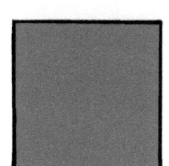

square
....
bangeeji potɗi

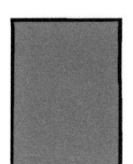

rectangle
....
rektangal

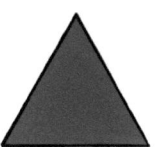

triangle
....
tiriyangal

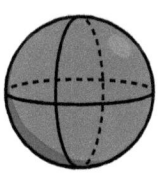

sphere
....
esfeer

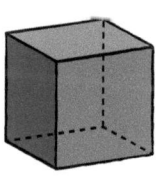

cube
....
kib

white

deneejo

yellow

puro

orange

oraas

pink

roos

red

bodeejo

purple

yolet

blue

bulaajo

green

werte

brown

baka

grey

giri

black

baleejo

a lot / a little

heewi / famɗi

angry / calm

mittinɗo / deeyɗo

beautiful / ugly

yooɗi / soofi

beginning / end

fuɗɗorde / gasirde

big / small

mawni / famɗi

bright / dark

leeri / ɗibbiɗi

brother / sister

mawniraaɗo gorko / debbo

clean / dirty

laaɓi / tulmi

complete / incomplete

timmi / manki

day / night

ñalawma / jamma

dead / alive

mayi / wuuri

wide / narrow

yaaji / ɓitti

edible / inedible

ñaame / ñaametaake

evil / kind

bonɗum / moyƴi

excited / bored

weelti / deeyi

fat / thin

butto / cewɗo

first / last

gadiiɗo / cakkitiiɗo

friend / enemy

sehil / gaño

full / empty

heewi / ɓolɗi

hard / soft

tiiɗi / hoyi

heavy / light

teddi / hoyi

hunger / thirst

heege / ɗomka

ill / healthy

sellaani / salli

illegal / legal

dagaaki / dagi

intelligent / stupid

ƴoyi / ƴiƴaani

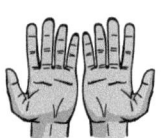

left / right

ñaamo / nano

near / far

ɓadi / woɗɗi

new / used

keso / kiiɗɗo

nothing / something

haydara / huunde

old / young

nayeeji / suka

on / off

ne heen / ala heen

open / closed

udditi / uddi

quiet / loud

deeƴi / dilla

rich / poor

galo / baasɗo

right / wrong

feewi / feewaani

rough / smooth

tekki / ɗaati

sad / happy

suni / weelti

short / long

daɓɓo / jutɗo

slow / fast

leeli / yaawi

wet / dry

leppi / yoori

warm / cool

wuli / ɓuuɓi

war / peace

hare / jam

opposites - ceertuɗe

0

zero

meere

1

one

goo

2

two

ɗiɗi

3

three

tati

4

four

nay

5

five

joy

6

six

jeegom

7

seven

seeɗiɗi

8

eight

jeetati

9

nine

jeenay

10

ten

sappo

11

eleven

sappo e goo

12	**13**	**14**
twelve	thirteen	fourteen
sappo e ɗiɗi	sppo e tati	sappo e nay

15	**16**	**17**
fifteen	sixteen	seventeen
sappo e joy	sappo e jeegom	sappo e jeeɗiɗi

18	**19**	**20**
eighteen	nineteen	twenty
sappo e jeetati	sappo e jeenay	noogas

100	**1.000**	**1.000.000**
hundred	thousand	million
teemedere	ujunere	miliyonŋ

English

Angale

American English

Angale Amerik

Chinese Mandarin

Mandare Siin

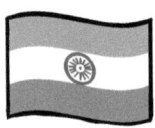

Hindi

Indo

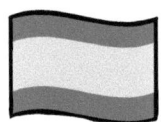

Spanish

Español

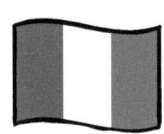

French

Farayse

Arabic

Arab

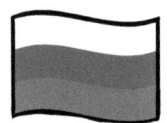

Russian

Riis

Portuguese

Portige

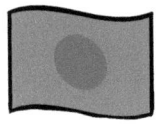

Bengali

Bengali

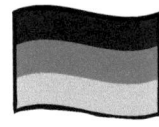

German

Alma

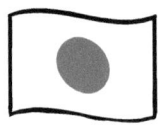

Japanese

Sappone

I

miin

you

ann

he / she / it

kaŋko / kaŋko / kañum

we

minen

you

onon

they

kamɓe

who?

holi oon?

what?

hol ɗum?

how?

hol no?

where?

hol toon?

when?

mande?

name

innde

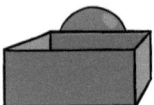

behind

caggal

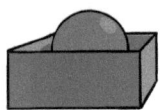

in

nder

in front of

yeeso

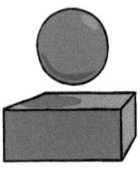

over

hedde

on

dow

under

les

beside

sara

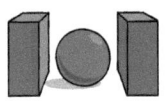

between

hakkunde

place

nokku